Mon carnet

DE LECTURE

LAROUSSE

Ce carnet

APPARTIENT À

Quel type de lecteur suis-je ?

JE PRÉFÈRE :

Lire dans un parc	◯	◯	**Lire dans mon canapé**
Livre papier	◯	◯	**Livre audio ou numérique**
Plusieurs livres en même temps	◯	◯	**1 livre à la fois**
Relire 20 fois le même livre	◯	◯	**Lire toujours des nouveautés**
Histoire dans la réalité	◯	◯	**Histoire dans univers fictif**
Choisir le livre pour son sujet	◯	◯	**Choisir le livre pour sa couverture**
Antihéros	◯	◯	**Héros**
Écouter les recommandations des autres	◯	◯	**Recommander des livres à tout le monde**

Lire devant un feu de cheminée	○	○	Lire sur la plage
Roman texte à 100%	○	○	Roman graphique
Bibliothèque bien rangée	○	○	Bibliothèque en bazar
Littérature française	○	○	Littérature étrangère
Lire avec de la musique	○	○	Lire dans le calme
Marque-page	○	○	Corner les pages
Tester la solidité du livre	○	○	Prendre grand soin du livre
Lire le soir	○	○	Lire le matin

Mon top 3
LIVRES PRÉFÉRÉS

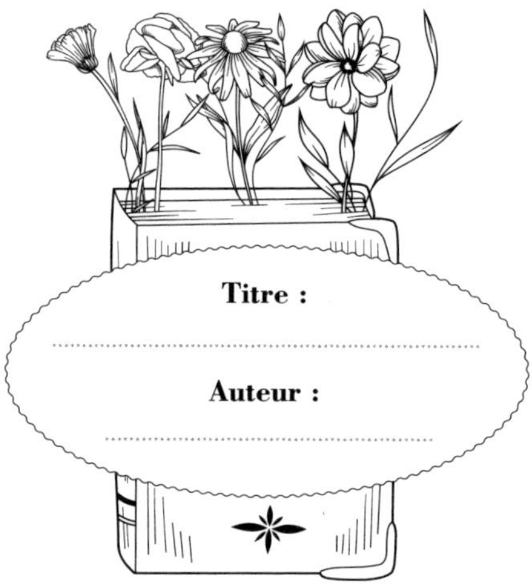

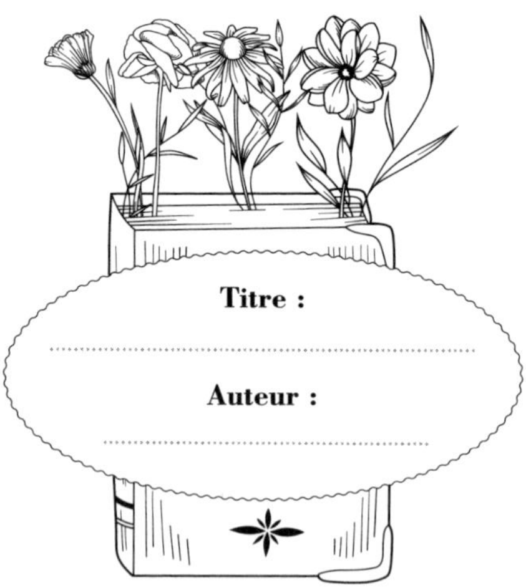

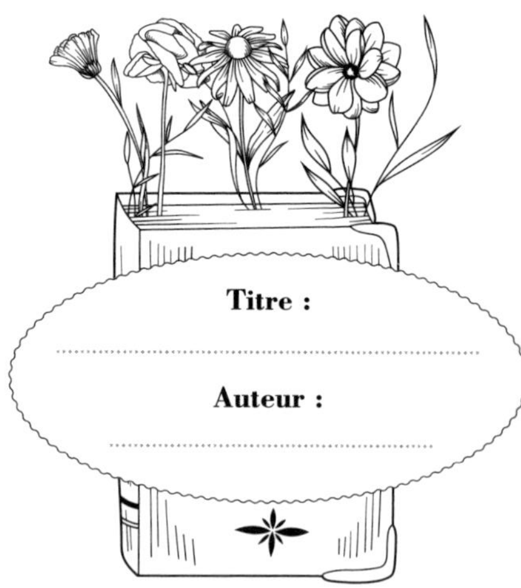

Mon top 3
SAGAS PRÉFÉRÉES

Titre : ....

Auteur : ....

Tomes : ....

Titre : ....

Auteur : ....

Tomes : ....

Titre : ....

Auteur : ....

Tomes : ....

Mon livre
EN CAS DE...

Mon livre en cas de coup de mou

Titre : ....

Auteur : ....

Raison : ....

Mon livre pour retomber en enfance

Titre : ....

Auteur : ....

Raison : ....

Mon livre en cas d'envie d'amour

Titre : ....

Auteur : ....

Raison : ....

Mon livre en cas de crise existentielle

Titre : ....

Auteur : ....

Raison : ....

Mon livre pour voyager très loin

Titre : ....

Auteur : ....

Raison : ....

Mon livre en cas de besoin de rire

Titre : ....

Auteur : ....

Raison : ....

Dans ma
BIBLIOTHÈQUE

- BD
- Polars
- Science-fiction
- Littérature blanche
- Mangas
- Fantaisie
- Historique
- Horreur

Colorie ta bibliothèque en fonction des genres littéraires de tes livres

◯ Fantastique ◯ Documentaire ◯ Biographie ◯ Théâtre

◯ Romance ◯ Poésie ◯ Aventure ◯ Feel good

Ma pile à lire

Ma Wishlist

TITRE	AUTEUR	PRIX

Le bingo DES SAISONS

Bingo PRINTEMPS

UN LIVRE DONT L'HISTOIRE SE DÉROULE AU PRINTEMPS

LIRE UN LIVRE DANS UN PARC

UN LIVRE AVEC DES FLEURS SUR LA COUVERTURE

RELIRE SA ROMANCE PRÉFÉRÉE

UN LIVRE D'UNE AUTRICE ENGAGÉE

UN LIVRE DE MOINS DE 200 PAGES

UNE HISTOIRE AVEC DES FÉES

UN LIVRE RECOMMANDÉ PAR UN/E AMI/E

UNE BD / MANGA / ALBUM OU ROMAN GRAPHIQUE

UNE HISTOIRE QUI SE DÉROULE EN FRANCE

LIRE UN LIVRE À LA PLAGE

Bingo ÉTÉ

UN LIVRE D'UN AUTEUR ÉTRANGER

UN LIVRE À PROPOS DE L'AMITIÉ

UN LIVRE AVEC DU BLEU SUR LA COUVERTURE

UNE HISTOIRE DE ROAD TRIP

UN LIVRE ADAPTÉ EN FILM OU EN SÉRIE

UN LIVRE PUBLIÉ AVANT MA NAISSANCE

UNE HISTOIRE AVEC UNE ENQUÊTE

Bingo AUTOMNE

UNE HISTOIRE D'HORREUR OU THRILLER

UN LIVRE AVEC LA COUVERTURE ORANGE

LE PLUS VIEUX LIVRE DE MA PAL

UNE HISTOIRE AVEC UNE MAISON HANTÉE OU DES FANTÔMES

UNE FANTASY OU UNE HISTOIRE FANTASTIQUE

UN LIVRE DE PLUS DE 300 PAGES

UNE DYSTOPIE

UN RÉCIT AVEC PLUSIEURS POINTS DE VUE

LIRE UN LIVRE EN ÉCOUTANT LA PLUIE

Bingo HIVER

LIRE UN LIVRE PRÈS D'UN FEU DE CHEMINÉE

UNE HISTOIRE À LA MONTAGNE

LE PLUS GROS LIVRE DE MA PAL

UN TOME D'UNE SAGA

UN LIVRE AVEC DES SAPINS SUR LA COUVERTURE

UNE HISTOIRE QUI SE DÉROULE PENDANT NOËL

UN LIVRE OFFERT

UN ROMAN DE LITTÉRATURE BLANCHE

UNE HISTOIRE AVEC LA PRÉSENCE D'UN ANIMAL

Le bingo DES CLASSIQUES

Bingo
Les classiques du XVIIe et XVIIIe siècle

LE CID
Pierre Corneille
1637

CANDIDE OU L'OPTIMISME
Voltaire
1759

LA PRINCESSE DE CLÈVES
Madame de La Fayette
1678

MANON LESCAUT
Abbé Prévost
1731

LES FABLES
Jean de La Fontaine
1668

LE MARIAGE DE FIGARO
Pierre-Augustin Caron de Beaumarchais
1784

LES LIAISONS DANGEREUSES
Pierre Choderlos de Laclos
1782

LE MÉDECIN MALGRÉ LUI
Molière
1666

PHÈDRE
Jean Racine
1677

Bingo
LES CLASSIQUES DU XIXe ET XXe SIÈCLE

LE DEUXIÈME SEXE
Simone de Beauvoir
1949

L'ÉTRANGER
Albert Camus
1942

LE PÈRE GORIOT
Honoré de Balzac
1835

LES MISÉRABLES
Victor Hugo
1862

LE PETIT PRINCE
Antoine de Saint-Exupéry
1943

LES FLEURS DU MAL
Charles Baudelaire
1857

LA MARE AU DIABLE
George Sand
1846

MADAME BOVARY
Gustave Flaubert
1856

ALCOOLS
Guillaume Apollinaire
1913

Bilan LIVRESQUE

Mes meilleures
LECTURES

Janvier

Février

Mars

Avril

Mai

Juin

Décembre Novembre Octobre Septembre Août Juillet

Mon top 3
DE L'ANNÉE

Titre : ....

Auteur : ....

Genre : ....

Titre : ....

Auteur : ....

Genre : ....

Titre : ....

Auteur : ....

Genre : ....

Ma Wishlist

DE L'ANNÉE PROCHAINE

TITRE	AUTEUR	PRIX

Mes chroniques LITTÉRAIRES

☆ ☆ ☆ ☆ ☆

Titre : ....

Auteur (e) : ....

Pages : ....

Genre : ....

○ ○ ○

Commencé le : ....

Terminé le : ....

Citation favorite : ....

....

....

Musique du livre : ....

....

Mon avis

Ce que j'ai préféré à propos de l'histoire : ....

....

Ce qui m'a le moins plu : ....

....

Mon personnage préféré : ....

Les émotions ressenties à la lecture : ....

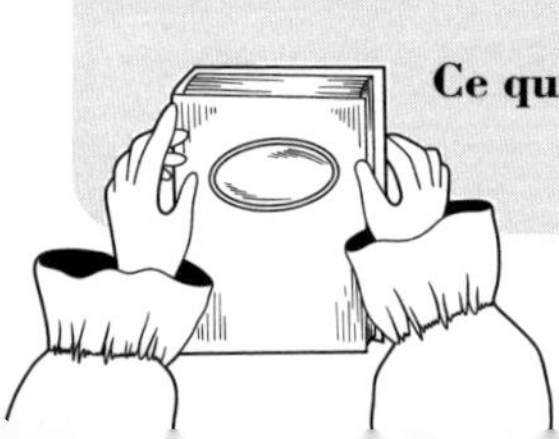

Ce que j'ai pensé de la fin : ....

☆☆☆☆☆

Titre : ....

Auteur (e) : ....

Pages : ....

Genre : ....

 ○  ○  ○

Commencé le : ....

Terminé le : ....

Citation favorite : ....

....

....

Musique du livre : ....

....

Mon avis

Ce que j'ai préféré à propos de l'histoire : ....

....

Ce qui m'a le moins plu : ....

....

Mon personnage préféré : ....

Les émotions ressenties à la lecture : ....

Ce que j'ai pensé de la fin : ....

☆☆☆☆☆

Titre : ....

Auteur (e) : ....

Pages : ....

Genre : ....

○ ○ ○

Commencé le : ....

Terminé le : ....

Citation favorite : ....

....

....

Musique du livre : ....

....

Mon avis

Ce que j'ai préféré à propos de l'histoire : ....

....

Ce qui m'a le moins plu : ....

....

Mon personnage préféré : ....

Les émotions ressenties à la lecture : ....

Ce que j'ai pensé de la fin : ....

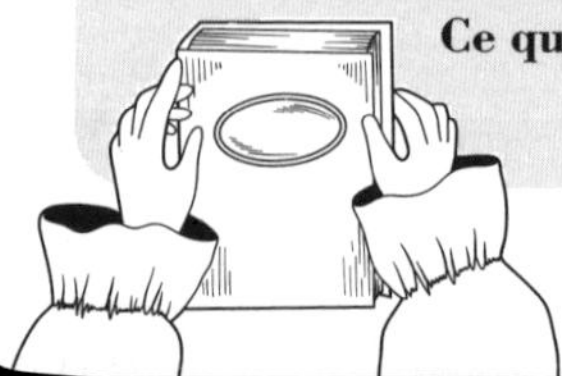

Titre : ....

Auteur (e) : ....

Pages : ....

Genre : ....

Commencé le : ....

Terminé le : ....

Citation favorite : ....

....

....

Musique du livre : ....

....

Mon avis

Ce que j'ai préféré à propos de l'histoire : ....

....

Ce qui m'a le moins plu : ....

....

Mon personnage préféré : ....

Les émotions ressenties à la lecture : ....

Ce que j'ai pensé de la fin : ....

Titre : ....

Auteur (e) : ....

Pages : ....

Genre : ....

Commencé le : ....

Terminé le : ....

Citation favorite : ....

....

....

Musique du livre : ....

....

Mon avis

Ce que j'ai préféré à propos de l'histoire : ....

....

Ce qui m'a le moins plu : ....

....

Mon personnage préféré : ....

Les émotions ressenties à la lecture : ....

Ce que j'ai pensé de la fin : ....

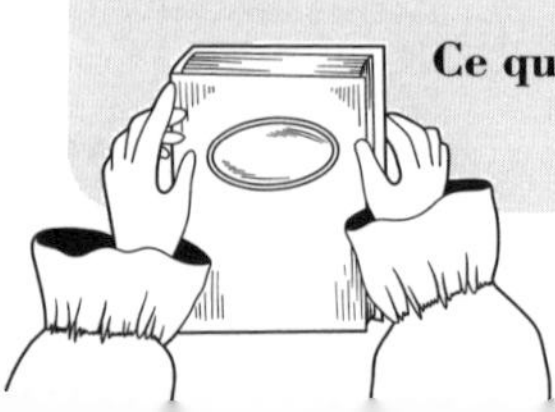

☆☆☆☆☆

Titre :

Auteur (e) :

Pages :

Genre :

Commencé le :

Terminé le :

Citation favorite :

Musique du livre :

Mon avis

Ce que j'ai préféré à propos de l'histoire :

Ce qui m'a le moins plu :

Mon personnage préféré :

Les émotions ressenties à la lecture :

Ce que j'ai pensé de la fin :

☆☆☆☆☆

Titre : ....

Auteur (e) : ....

Pages : ....

Genre : ....

 ◯  ◯  ◯

Commencé le : ....

Terminé le : ....

Citation favorite : ....

....

....

Musique du livre : ....

....

Mon avis

Ce que j'ai préféré à propos de l'histoire : ....

....

Ce qui m'a le moins plu : ....

....

Mon personnage préféré : ....

Les émotions ressenties à la lecture : ....

Ce que j'ai pensé de la fin : ....

☆☆☆☆☆

Titre : ....

Auteur (e) : ....

Pages : ....

Genre : ....

○ ○ ○

Commencé le : ....

Terminé le : ....

Citation favorite : ....

....

....

Musique du livre : ....

....

Mon avis

Ce que j'ai préféré à propos de l'histoire : ....

....

Ce qui m'a le moins plu : ....

....

Mon personnage préféré : ....

Les émotions ressenties à la lecture : ....

Ce que j'ai pensé de la fin : ....

Titre :

Auteur (e) :

Pages :

Genre :

Commencé le :

Terminé le :

Citation favorite :

Musique du livre :

Mon avis

Ce que j'ai préféré à propos de l'histoire :

Ce qui m'a le moins plu :

Mon personnage préféré :

Les émotions ressenties à la lecture :

Ce que j'ai pensé de la fin :

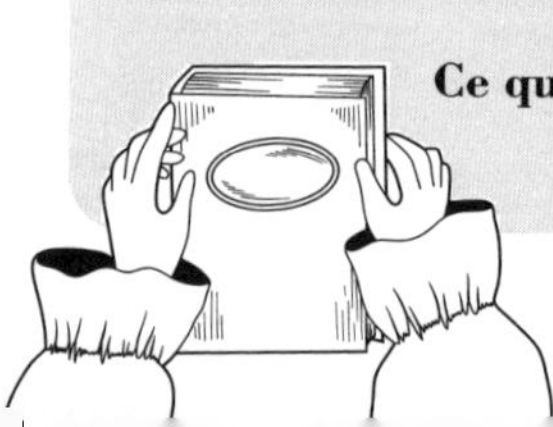

☆☆☆☆☆

Titre : ....

Auteur (e) : ....

Pages : ....

Genre : ....

○ ○ ○

Commencé le : ....

Terminé le : ....

Citation favorite : ....

....

....

Musique du livre : ....

....

Mon avis

Ce que j'ai préféré à propos de l'histoire : ....

....

Ce qui m'a le moins plu : ....

....

Mon personnage préféré : ....

Les émotions ressenties à la lecture : ....

Ce que j'ai pensé de la fin : ....

Titre : ....

Auteur (e) : ....

Pages : ....

Genre : ....

Commencé le : ....

Terminé le : ....

Citation favorite : ....

....

....

Musique du livre : ....

....

Mon avis

Ce que j'ai préféré à propos de l'histoire : ....

....

Ce qui m'a le moins plu : ....

....

Mon personnage préféré : ....

Les émotions ressenties à la lecture : ....

Ce que j'ai pensé de la fin : ....

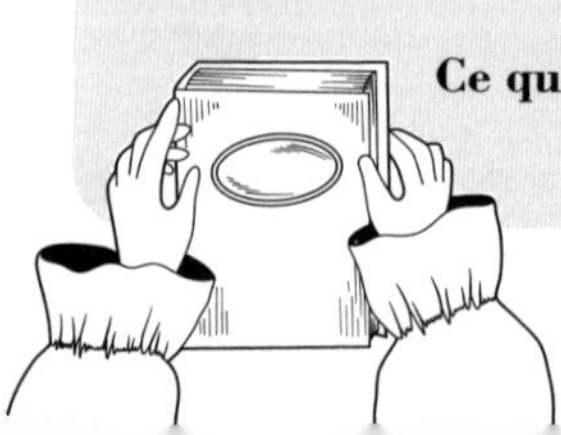

☆ ☆ ☆ ☆ ☆

Titre :

Auteur (e) :

Pages :

Genre :

Commencé le :

Terminé le :

Citation favorite :

Musique du livre :

Mon avis

Ce que j'ai préféré à propos de l'histoire :

Ce qui m'a le moins plu :

Mon personnage préféré :

Les émotions ressenties à la lecture :

Ce que j'ai pensé de la fin :

Titre :

Auteur (e) :

Pages :

Genre :

 ○  ○  ○

Commencé le :

Terminé le :

Citation favorite :

Musique du livre :

Mon avis

Ce que j'ai préféré à propos de l'histoire :

Ce qui m'a le moins plu :

Mon personnage préféré :

Les émotions ressenties à la lecture :

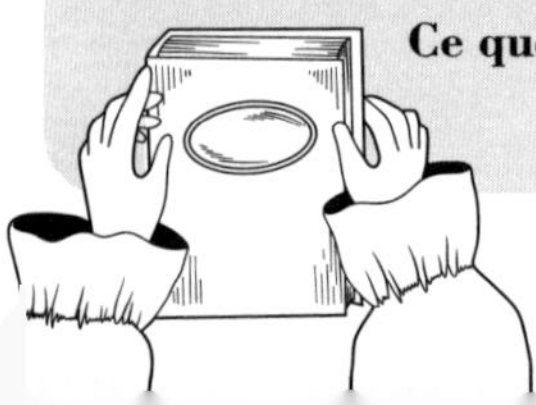

Ce que j'ai pensé de la fin :

☆☆☆☆☆

Titre : ....

Auteur (e) : ....

Pages : ....

Genre : ....

○ ○ ○

Commencé le : ....

Terminé le : ....

Citation favorite : ....

....

....

Musique du livre : ....

....

Mon avis

Ce que j'ai préféré à propos de l'histoire : ....

....

Ce qui m'a le moins plu : ....

....

Mon personnage préféré : ....

Les émotions ressenties à la lecture : ....

Ce que j'ai pensé de la fin : ....

☆☆☆☆☆

Titre : ……………………

Auteur (e) : ……………………

Pages : ……………………

Genre : ……………………

Commencé le : ……………………

Terminé le : ……………………

Citation favorite : ……………………

……………………

……………………

Musique du livre : ……………………

……………………

Mon avis

Ce que j'ai préféré à propos de l'histoire : ……………………

……………………

Ce qui m'a le moins plu : ……………………

……………………

Mon personnage préféré : ……………………

Les émotions ressenties à la lecture : ……………………

Ce que j'ai pensé de la fin : ……………………

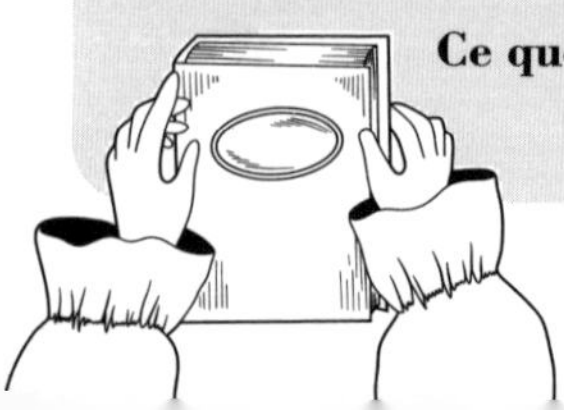

Titre : ....

Auteur (e) : ....

Pages : ....

Genre : ....

Commencé le : ....

Terminé le : ....

Citation favorite : ....

....

....

Musique du livre : ....

....

Mon avis

Ce que j'ai préféré à propos de l'histoire : ....

....

Ce qui m'a le moins plu : ....

....

Mon personnage préféré : ....

Les émotions ressenties à la lecture : ....

Ce que j'ai pensé de la fin : ....

☆☆☆☆☆

Titre : ……………………………

Auteur (e) : ……………………………

Pages : ……………………………

Genre : ……………………………

○ ○ ○

Commencé le : ……………………………

Terminé le : ……………………………

Citation favorite : ……………………………

……………………………

……………………………

Musique du livre : ……………………………

……………………………

Mon avis

Ce que j'ai préféré à propos de l'histoire : ……………………………

……………………………

Ce qui m'a le moins plu : ……………………………

……………………………

Mon personnage préféré : ……………………………

Les émotions ressenties à la lecture : ……………………………

Ce que j'ai pensé de la fin : ……………………………

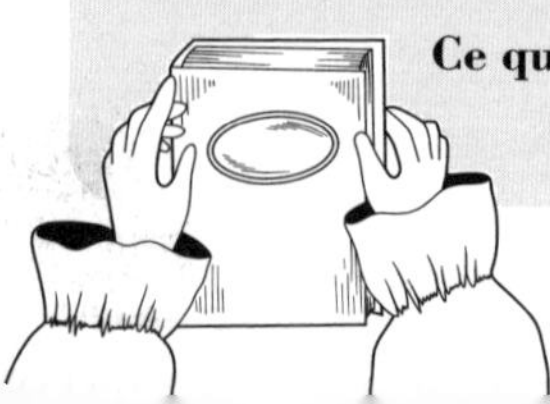

☆☆☆☆☆

Titre : ……………………………………

Auteur (e) : ……………………………………

Pages : ……………………………………

Genre : ……………………………………

○ ○ ○

Commencé le : ……………………………

Terminé le : ……………………………

Citation favorite : ……………………………………

……………………………………

……………………………………

Musique du livre : ……………………………………

……………………………………

Mon avis

Ce que j'ai préféré à propos de l'histoire : ……………………

……………………………………

Ce qui m'a le moins plu : ……………………………

……………………………………

Mon personnage préféré : ……………………………

Les émotions ressenties à la lecture : ……………………

Ce que j'ai pensé de la fin : ……………………

Titre : ....

Auteur (e) : ....

Pages : ....

Genre : ....

Commencé le : ....

Terminé le : ....

Citation favorite : ....

....

....

Musique du livre : ....

....

Mon avis

Ce que j'ai préféré à propos de l'histoire : ....

....

Ce qui m'a le moins plu : ....

....

Mon personnage préféré : ....

Les émotions ressenties à la lecture : ....

Ce que j'ai pensé de la fin : ....

☆☆☆☆☆

Titre : ……………………………………

Auteur (e) : ……………………………………

Pages : ……………………………………

Genre : ……………………………………

○ ○ ○

Commencé le : ……………………………

Terminé le : ……………………………

Citation favorite : ……………………………………

……………………………………

……………………………………

Musique du livre : ……………………………………

……………………………………

Mon avis

Ce que j'ai préféré à propos de l'histoire : ……………………………

……………………………………

Ce qui m'a le moins plu : ……………………………

……………………………………

Mon personnage préféré : ……………………………

Les émotions ressenties à la lecture : ……………………………

Ce que j'ai pensé de la fin : ……………………………

☆☆☆☆☆

Titre : ....

Auteur (e) : ....

Pages : ....

Genre : ....

Commencé le : ....

Terminé le : ....

Citation favorite : ....

....

....

Musique du livre : ....

....

Mon avis

Ce que j'ai préféré à propos de l'histoire : ....

....

Ce qui m'a le moins plu : ....

....

Mon personnage préféré : ....

Les émotions ressenties à la lecture : ....

Ce que j'ai pensé de la fin : ....

☆ ☆ ☆ ☆ ☆

Titre : ....

Auteur (e) : ....

Pages : ....

Genre : ....

 ○  ○  ○

Commencé le : ....

Terminé le : ....

Citation favorite : ....

....

....

Musique du livre : ....

....

Mon avis

Ce que j'ai préféré à propos de l'histoire : ....

....

Ce qui m'a le moins plu : ....

....

Mon personnage préféré : ....

Les émotions ressenties à la lecture : ....

Ce que j'ai pensé de la fin : ....

☆☆☆☆☆

Titre :

Auteur (e) :

Pages :

Genre :

Commencé le :

Terminé le :

Citation favorite :

Musique du livre :

Mon avis

Ce que j'ai préféré à propos de l'histoire :

Ce qui m'a le moins plu :

Mon personnage préféré :

Les émotions ressenties à la lecture :

Ce que j'ai pensé de la fin :

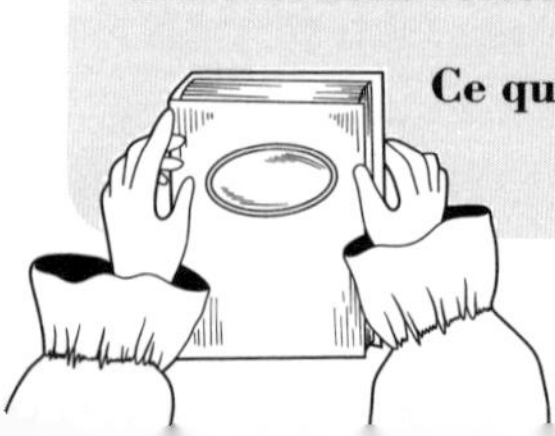

☆☆☆☆☆

Titre :

Auteur (e) :

Pages :

Genre :

○ ○ ○

Commencé le :

Terminé le :

Citation favorite :

Musique du livre :

Mon avis

Ce que j'ai préféré à propos de l'histoire :

Ce qui m'a le moins plu :

Mon personnage préféré :

Les émotions ressenties à la lecture :

Ce que j'ai pensé de la fin :

☆☆☆☆☆

Titre : ....

Auteur (e) : ....

Pages : ....

Genre : ....

○ ○ ○

Commencé le : ....

Terminé le : ....

Citation favorite : ....

....

....

Musique du livre : ....

....

Mon avis

Ce que j'ai préféré à propos de l'histoire : ....

....

Ce qui m'a le moins plu : ....

....

Mon personnage préféré : ....

Les émotions ressenties à la lecture : ....

Ce que j'ai pensé de la fin : ....

☆ ☆ ☆ ☆ ☆

Titre : ……………………………………

Auteur (e) : ……………………………………

Pages : ……………………………………

Genre : ……………………………………

 ○  ○  ○

Commencé le : ……………………………………

Terminé le : ……………………………………

Citation favorite : ……………………………………

……………………………………

……………………………………

Musique du livre : ……………………………………

……………………………………

Mon avis

Ce que j'ai préféré à propos de l'histoire : ……………………………………

……………………………………

Ce qui m'a le moins plu : ……………………………………

……………………………………

Mon personnage préféré : ……………………………………

Les émotions ressenties à la lecture : ……………………………………

Ce que j'ai pensé de la fin : ……………………………………

Titre : ....

Auteur (e) : ....

Pages : ....

Genre : ....

Commencé le : ....

Terminé le : ....

Citation favorite : ....

....

....

Musique du livre : ....

....

Mon avis

Ce que j'ai préféré à propos de l'histoire : ....

....

Ce qui m'a le moins plu : ....

....

Mon personnage préféré : ....

Les émotions ressenties à la lecture : ....

Ce que j'ai pensé de la fin : ....

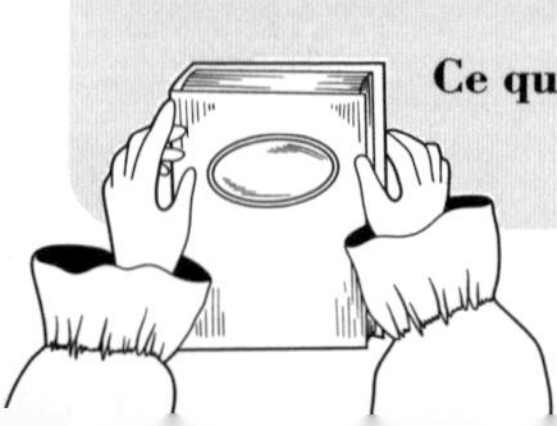

Titre :

Auteur (e) :

Pages :

Genre :

Commencé le :

Terminé le :

Citation favorite :

Musique du livre :

Mon avis

Ce que j'ai préféré à propos de l'histoire :

Ce qui m'a le moins plu :

Mon personnage préféré :

Les émotions ressenties à la lecture :

Ce que j'ai pensé de la fin :

Titre :

Auteur (e) :

Pages :

Genre :

Commencé le :

Terminé le :

Citation favorite :

Musique du livre :

Mon avis

Ce que j'ai préféré à propos de l'histoire :

Ce qui m'a le moins plu :

Mon personnage préféré :

Les émotions ressenties à la lecture :

Ce que j'ai pensé de la fin :

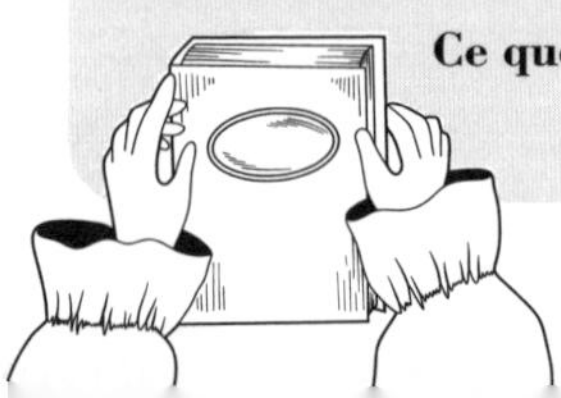

☆☆☆☆☆

Titre : ....

Auteur (e) : ....

Pages : ....

Genre : ....

○ ○ ○

Commencé le : ....

Terminé le : ....

Citation favorite : ....

....

....

Musique du livre : ....

....

Mon avis

Ce que j'ai préféré à propos de l'histoire : ....

....

Ce qui m'a le moins plu : ....

....

Mon personnage préféré : ....

Les émotions ressenties à la lecture : ....

Ce que j'ai pensé de la fin : ....

Titre :

Auteur (e) :

Pages :

Genre :

Commencé le :

Terminé le :

Citation favorite :

Musique du livre :

Mon avis

Ce que j'ai préféré à propos de l'histoire :

Ce qui m'a le moins plu :

Mon personnage préféré :

Les émotions ressenties à la lecture :

Ce que j'ai pensé de la fin :

☆☆☆☆☆

Titre :

Auteur (e) :

Pages :

Genre :

Commencé le :

Terminé le :

Citation favorite :

Musique du livre :

Mon avis

Ce que j'ai préféré à propos de l'histoire :

Ce qui m'a le moins plu :

Mon personnage préféré :

Les émotions ressenties à la lecture :

Ce que j'ai pensé de la fin :

Titre :

Auteur (e) :

Pages :

Genre :

Commencé le :

Terminé le :

Citation favorite :

Musique du livre :

Mon avis

Ce que j'ai préféré à propos de l'histoire :

Ce qui m'a le moins plu :

Mon personnage préféré :

Les émotions ressenties à la lecture :

Ce que j'ai pensé de la fin :

Titre :

Auteur (e) :

Pages :

Genre :

Commencé le :

Terminé le :

Citation favorite :

Musique du livre :

Mon avis

Ce que j'ai préféré à propos de l'histoire :

Ce qui m'a le moins plu :

Mon personnage préféré :

Les émotions ressenties à la lecture :

Ce que j'ai pensé de la fin :

☆☆☆☆☆

Titre :

Auteur (e) :

Pages :

Genre :

○ ○ ○

Commencé le :

Terminé le :

Citation favorite :

Musique du livre :

Mon avis

Ce que j'ai préféré à propos de l'histoire :

Ce qui m'a le moins plu :

Mon personnage préféré :

Les émotions ressenties à la lecture :

Ce que j'ai pensé de la fin :

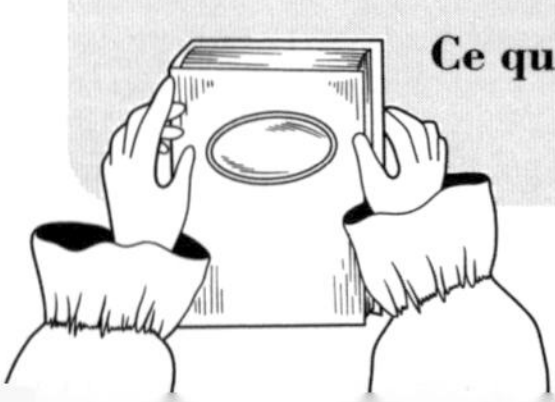

☆☆☆☆☆

Titre : ....

Auteur (e) : ....

Pages : ....

Genre : ....

○ ○ ○

Commencé le : ....

Terminé le : ....

Citation favorite : ....

....

....

Musique du livre : ....

....

Mon avis

Ce que j'ai préféré à propos de l'histoire : ....

....

Ce qui m'a le moins plu : ....

....

Mon personnage préféré : ....

Les émotions ressenties à la lecture : ....

Ce que j'ai pensé de la fin : ....

☆ ☆ ☆ ☆ ☆

Titre : ....

Auteur (e) : ....

Pages : ....

Genre : ....

○ ○ ○

Commencé le : ....

Terminé le : ....

Citation favorite : ....

....

....

Musique du livre : ....

....

Mon avis

Ce que j'ai préféré à propos de l'histoire : ....

....

Ce qui m'a le moins plu : ....

....

Mon personnage préféré : ....

Les émotions ressenties à la lecture : ....

Ce que j'ai pensé de la fin : ....

Titre : ……………………………

Auteur (e) : ……………………………

Pages : ……………………………

Genre : ……………………………

Commencé le : ……………………………

Terminé le : ……………………………

Citation favorite : ……………………………

……………………………

……………………………

Musique du livre : ……………………………

……………………………

Mon avis

Ce que j'ai préféré à propos de l'histoire : ……………………………

……………………………

Ce qui m'a le moins plu : ……………………………

……………………………

Mon personnage préféré : ……………………………

Les émotions ressenties à la lecture : ……………………………

Ce que j'ai pensé de la fin : ……………………………

☆ ☆ ☆ ☆ ☆

Titre : ....

Auteur (e) : ....

Pages : ....

Genre : ....

○ ○ ○

Commencé le : ....

Terminé le : ....

Citation favorite : ....

....

....

Musique du livre : ....

....

Mon avis

Ce que j'ai préféré à propos de l'histoire : ....

....

Ce qui m'a le moins plu : ....

....

Mon personnage préféré : ....

Les émotions ressenties à la lecture : ....

Ce que j'ai pensé de la fin : ....

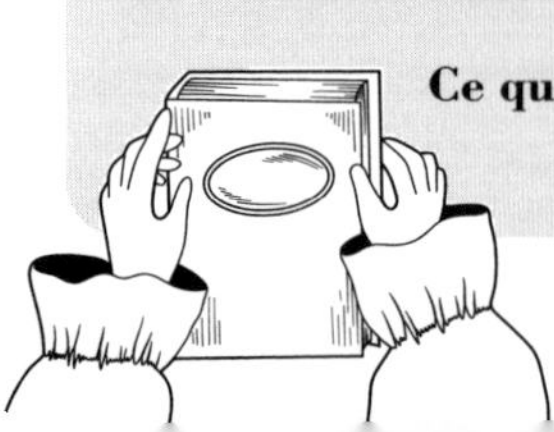

Titre : ……………………………

Auteur (e) : ……………………………

Pages : ……………………………

Genre : ……………………………

Commencé le : ……………………………

Terminé le : ……………………………

Citation favorite : ……………………………

……………………………

……………………………

Musique du livre : ……………………………

……………………………

Mon avis

Ce que j'ai préféré à propos de l'histoire : ……………………………

……………………………

Ce qui m'a le moins plu : ……………………………

……………………………

Mon personnage préféré : ……………………………

Les émotions ressenties à la lecture : ……………………………

Ce que j'ai pensé de la fin : ……………………………

☆☆☆☆☆

Titre : ....

Auteur (e) : ....

Pages : ....

Genre : ....

○ ○ ○

Commencé le : ....

Terminé le : ....

Citation favorite : ....

....

....

Musique du livre : ....

....

Mon avis

Ce que j'ai préféré à propos de l'histoire : ....

....

Ce qui m'a le moins plu : ....

....

Mon personnage préféré : ....

Les émotions ressenties à la lecture : ....

Ce que j'ai pensé de la fin : ....

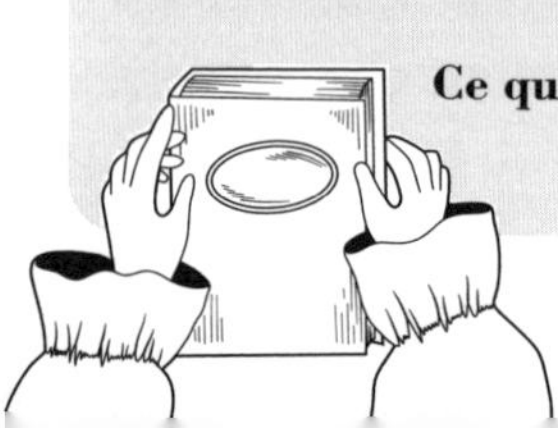

Titre : ....

Auteur (e) : ....

Pages : ....

Genre : ....

Commencé le : ....

Terminé le : ....

Citation favorite : ....

....

....

Musique du livre : ....

....

Mon avis

Ce que j'ai préféré à propos de l'histoire : ....

....

Ce qui m'a le moins plu : ....

....

Mon personnage préféré : ....

Les émotions ressenties à la lecture : ....

Ce que j'ai pensé de la fin : ....

Titre :

Auteur (e) :

Pages :

Genre :

Commencé le :

Terminé le :

Citation favorite :

Musique du livre :

Mon avis

Ce que j'ai préféré à propos de l'histoire :

Ce qui m'a le moins plu :

Mon personnage préféré :

Les émotions ressenties à la lecture :

Ce que j'ai pensé de la fin :

Titre : ....

Auteur (e) : ....

Pages : ....

Genre : ....

○ ○ ○

Commencé le : ....

Terminé le : ....

Citation favorite : ....

....

....

Musique du livre : ....

....

Mon avis

Ce que j'ai préféré à propos de l'histoire : ....

....

Ce qui m'a le moins plu : ....

....

Mon personnage préféré : ....

Les émotions ressenties à la lecture : ....

Ce que j'ai pensé de la fin : ....

Titre :

Auteur (e) :

Pages :

Genre :

Commencé le :

Terminé le :

Citation favorite :

Musique du livre :

Mon avis

Ce que j'ai préféré à propos de l'histoire :

Ce qui m'a le moins plu :

Mon personnage préféré :

Les émotions ressenties à la lecture :

Ce que j'ai pensé de la fin :

Titre : ……………………

Auteur (e) : ……………………

Pages : ……………………

Genre : ……………………

Commencé le : ……………………

Terminé le : ……………………

Citation favorite : ……………………

……………………

……………………

Musique du livre : ……………………

……………………

Mon avis

Ce que j'ai préféré à propos de l'histoire : ……………………

……………………

Ce qui m'a le moins plu : ……………………

……………………

Mon personnage préféré : ……………………

Les émotions ressenties à la lecture : ……………………

Ce que j'ai pensé de la fin : ……………………

☆☆☆☆☆

○ ○ ○

Titre : ....

Auteur (e) : ....

Pages : ....

Genre : ....

Commencé le : ....

Terminé le : ....

Citation favorite : ....

....

....

Musique du livre : ....

....

Mon avis

Ce que j'ai préféré à propos de l'histoire : ....

....

Ce qui m'a le moins plu : ....

....

Mon personnage préféré : ....

Les émotions ressenties à la lecture : ....

Ce que j'ai pensé de la fin : ....

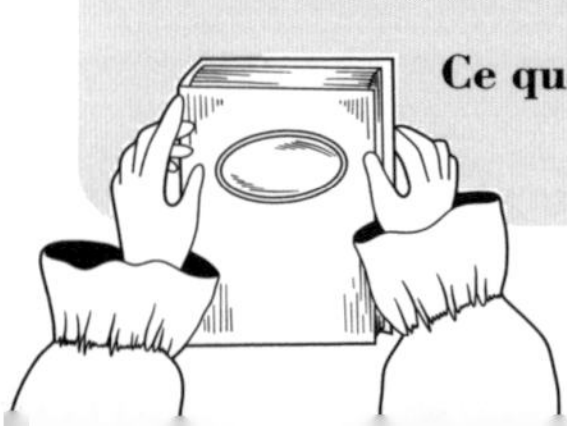

☆☆☆☆☆

Titre :

Auteur (e) :

Pages :

Genre :

 ○

 ○

 ○

Commencé le :

Terminé le :

Citation favorite :

Musique du livre :

Mon avis

Ce que j'ai préféré à propos de l'histoire :

Ce qui m'a le moins plu :

Mon personnage préféré :

Les émotions ressenties à la lecture :

Ce que j'ai pensé de la fin :

☆☆☆☆☆

○ ○ ○

Titre : ....

Auteur (e) : ....

Pages : ....

Genre : ....

Commencé le : ....

Terminé le : ....

Citation favorite : ....

....

....

Musique du livre : ....

....

Mon avis

Ce que j'ai préféré à propos de l'histoire : ....

....

Ce qui m'a le moins plu : ....

....

Mon personnage préféré : ....

Les émotions ressenties à la lecture : ....

Ce que j'ai pensé de la fin : ....

☆☆☆☆☆

Titre : ....

Auteur (e) : ....

Pages : ....

Genre : ....

○ ○ ○

Commencé le : ....

Terminé le : ....

Citation favorite : ....

....

....

Musique du livre : ....

....

Mon avis

Ce que j'ai préféré à propos de l'histoire : ....

....

Ce qui m'a le moins plu : ....

....

Mon personnage préféré : ....

Les émotions ressenties à la lecture : ....

Ce que j'ai pensé de la fin : ....

Titre :

Auteur (e) :

Pages :

Genre :

Commencé le :

Terminé le :

Citation favorite :

Musique du livre :

Mon avis

Ce que j'ai préféré à propos de l'histoire :

Ce qui m'a le moins plu :

Mon personnage préféré :

Les émotions ressenties à la lecture :

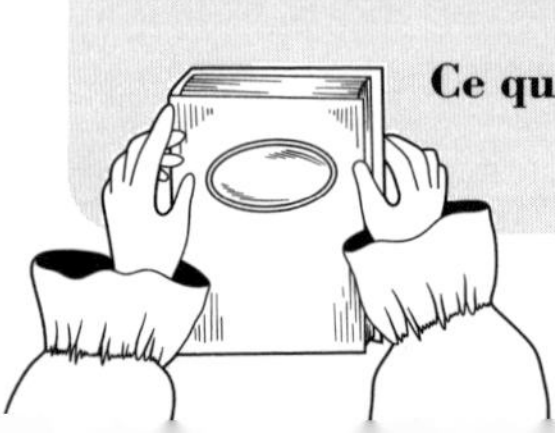

Ce que j'ai pensé de la fin :

☆☆☆☆☆

Titre : ……………………

Auteur (e) : ……………………

Pages : ……………………

Genre : ……………………

○ ○ ○

Commencé le : ……………………

Terminé le : ……………………

Citation favorite : ……………………

……………………

……………………

Musique du livre : ……………………

……………………

Mon avis

Ce que j'ai préféré à propos de l'histoire : ……………………

……………………

Ce qui m'a le moins plu : ……………………

……………………

Mon personnage préféré : ……………………

Les émotions ressenties à la lecture : ……………………

Ce que j'ai pensé de la fin : ……………………

Titre :

Auteur (e) :

Pages :

Genre :

Commencé le :

Terminé le :

Citation favorite :

Musique du livre :

Mon avis

Ce que j'ai préféré à propos de l'histoire :

Ce qui m'a le moins plu :

Mon personnage préféré :

Les émotions ressenties à la lecture :

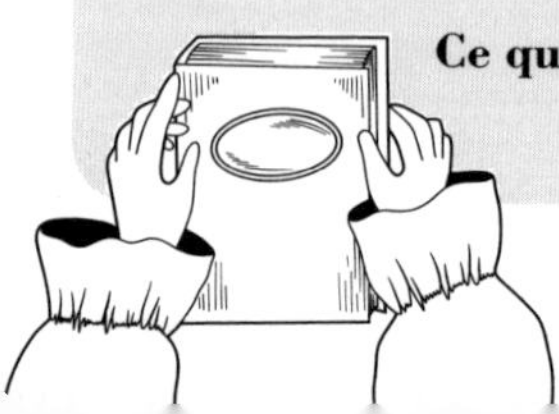

Ce que j'ai pensé de la fin :

☆☆☆☆☆

Titre : ....

Auteur (e) : ....

Pages : ....

Genre : ....

○ ○ ○

Commencé le : ....

Terminé le : ....

Citation favorite : ....

....

....

Musique du livre : ....

....

Mon avis

Ce que j'ai préféré à propos de l'histoire : ....

....

Ce qui m'a le moins plu : ....

....

Mon personnage préféré : ....

Les émotions ressenties à la lecture : ....

Ce que j'ai pensé de la fin : ....

☆☆☆☆☆

Titre : ....

Auteur (e) : ....

Pages : ....

Genre : ....

 ○

 ○

 ○

Commencé le : ....

Terminé le : ....

Citation favorite : ....

....

....

Musique du livre : ....

....

Mon avis

Ce que j'ai préféré à propos de l'histoire : ....

....

Ce qui m'a le moins plu : ....

....

Mon personnage préféré : ....

Les émotions ressenties à la lecture : ....

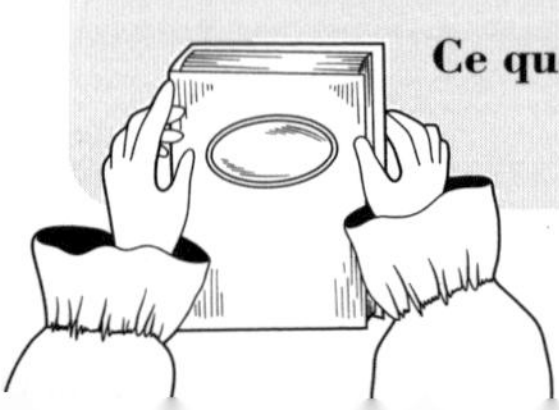

Ce que j'ai pensé de la fin : ....

☆☆☆☆☆

Titre : ……………………………………

Auteur (e) : ……………………………………

Pages : ……………………………………

Genre : ……………………………………

Commencé le : ……………………………………

Terminé le : ……………………………………

Citation favorite : ……………………………………

……………………………………

……………………………………

Musique du livre : ……………………………………

……………………………………

Mon avis

Ce que j'ai préféré à propos de l'histoire : ……………………………………

……………………………………

Ce qui m'a le moins plu : ……………………………………

……………………………………

Mon personnage préféré : ……………………………………

Les émotions ressenties à la lecture : ……………………………………

Ce que j'ai pensé de la fin : ……………………………………

Titre :

Auteur (e) :

Pages :

Genre :

Commencé le :

Terminé le :

Citation favorite :

Musique du livre :

Mon avis

Ce que j'ai préféré à propos de l'histoire :

Ce qui m'a le moins plu :

Mon personnage préféré :

Les émotions ressenties à la lecture :

Ce que j'ai pensé de la fin :

☆☆☆☆☆

Titre : ....

Auteur (e) : ....

Pages : ....

Genre : ....

○ ○ ○

Commencé le : ....

Terminé le : ....

Citation favorite : ....

....

....

Musique du livre : ....

....

Mon avis

Ce que j'ai préféré à propos de l'histoire : ....

....

Ce qui m'a le moins plu : ....

....

Mon personnage préféré : ....

Les émotions ressenties à la lecture : ....

Ce que j'ai pensé de la fin : ....

☆☆☆☆☆

Titre : ....

Auteur (e) : ....

Pages : ....

Genre : ....

 ○  ○  ○

Commencé le : ....

Terminé le : ....

Citation favorite : ....

....

....

Musique du livre : ....

....

Mon avis

Ce que j'ai préféré à propos de l'histoire : ....

....

Ce qui m'a le moins plu : ....

....

Mon personnage préféré : ....

Les émotions ressenties à la lecture : ....

Ce que j'ai pensé de la fin : ....

☆☆☆☆☆

Titre :

Auteur (e) :

Pages :

Genre :

Commencé le :

Terminé le :

Citation favorite :

Musique du livre :

Mon avis

Ce que j'ai préféré à propos de l'histoire :

Ce qui m'a le moins plu :

Mon personnage préféré :

Les émotions ressenties à la lecture :

Ce que j'ai pensé de la fin :

☆☆☆☆☆

Titre : ....

Auteur (e) : ....

Pages : ....

Genre : ....

○ ○ ○

Commencé le : ....

Terminé le : ....

Citation favorite : ....

....

....

Musique du livre : ....

....

Mon avis

Ce que j'ai préféré à propos de l'histoire : ....

....

Ce qui m'a le moins plu : ....

....

Mon personnage préféré : ....

Les émotions ressenties à la lecture : ....

Ce que j'ai pensé de la fin : ....

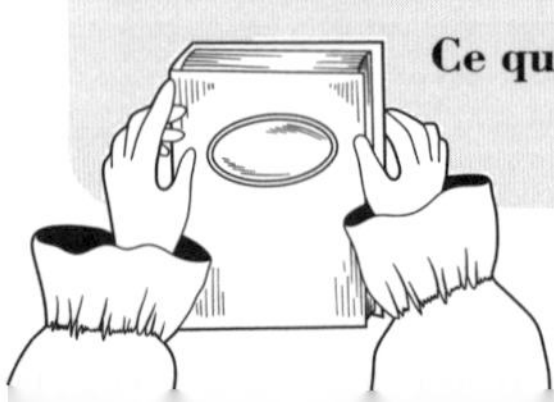

☆☆☆☆☆

Titre : ....

Auteur (e) : ....

Pages : ....

Genre : ....

 ○

 ○

 ○

Commencé le : ....

Terminé le : ....

Citation favorite : ....

....

....

Musique du livre : ....

....

Mon avis

Ce que j'ai préféré à propos de l'histoire : ....

....

Ce qui m'a le moins plu : ....

....

Mon personnage préféré : ....

Les émotions ressenties à la lecture : ....

Ce que j'ai pensé de la fin : ....

☆ ☆ ☆ ☆ ☆

Titre :

Auteur (e) :

Pages :

Genre :

Commencé le :

Terminé le :

Citation favorite :

Musique du livre :

Mon avis

Ce que j'ai préféré à propos de l'histoire :

Ce qui m'a le moins plu :

Mon personnage préféré :

Les émotions ressenties à la lecture :

Ce que j'ai pensé de la fin :

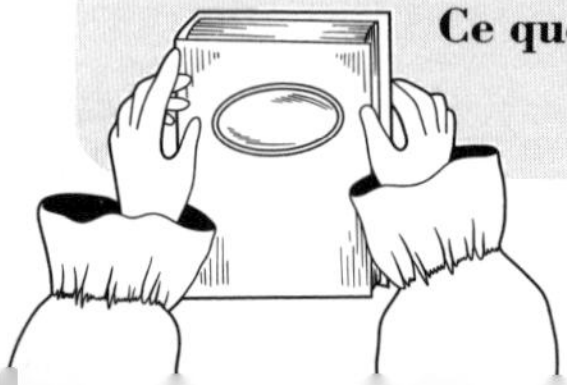

☆ ☆ ☆ ☆ ☆

Titre : ....

Auteur (e) : ....

Pages : ....

Genre : ....

○ ○ ○

Commencé le : ....

Terminé le : ....

Citation favorite : ....

....

....

Musique du livre : ....

....

Mon avis

Ce que j'ai préféré à propos de l'histoire : ....

....

Ce qui m'a le moins plu : ....

....

Mon personnage préféré : ....

Les émotions ressenties à la lecture : ....

Ce que j'ai pensé de la fin : ....

☆☆☆☆☆

Titre :

Auteur (e) :

Pages :

Genre :

Commencé le :

Terminé le :

Citation favorite :

Musique du livre :

Mon avis

Ce que j'ai préféré à propos de l'histoire :

Ce qui m'a le moins plu :

Mon personnage préféré :

Les émotions ressenties à la lecture :

Ce que j'ai pensé de la fin :

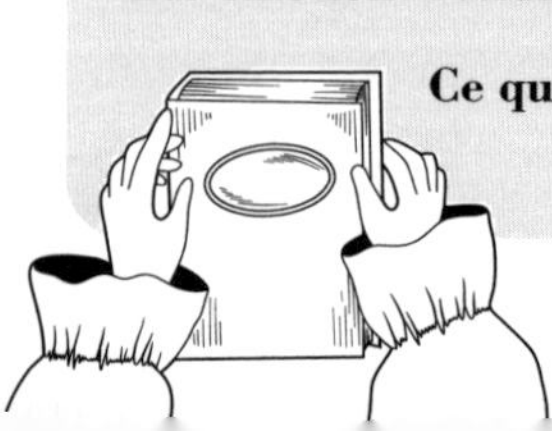

☆☆☆☆☆

Titre : ....

Auteur (e) : ....

Pages : ....

Genre : ....

 ○

 ○

 ○

Commencé le : ....

Terminé le : ....

Citation favorite : ....

....

....

Musique du livre : ....

....

Mon avis

Ce que j'ai préféré à propos de l'histoire : ....

....

Ce qui m'a le moins plu : ....

....

Mon personnage préféré : ....

Les émotions ressenties à la lecture : ....

Ce que j'ai pensé de la fin : ....

Titre :

Auteur (e) :

Pages :

Genre :

Commencé le :

Terminé le :

Citation favorite :

Musique du livre :

Mon avis

Ce que j'ai préféré à propos de l'histoire :

Ce qui m'a le moins plu :

Mon personnage préféré :

Les émotions ressenties à la lecture :

Ce que j'ai pensé de la fin :

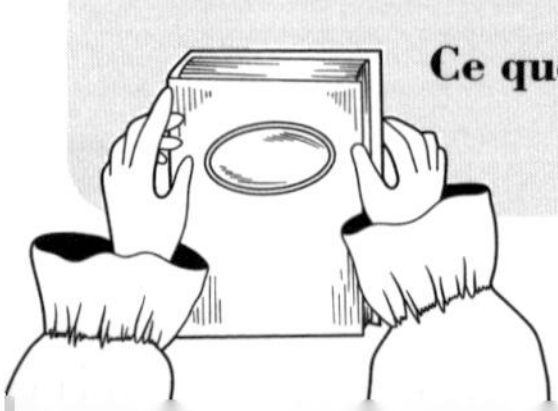

☆☆☆☆☆

Titre :

Auteur (e) :

Pages :

Genre :

Commencé le :

Terminé le :

Citation favorite :

Musique du livre :

Mon avis

Ce que j'ai préféré à propos de l'histoire :

Ce qui m'a le moins plu :

Mon personnage préféré :

Les émotions ressenties à la lecture :

Ce que j'ai pensé de la fin :

Titre : ……………………………………

Auteur (e) : ……………………………………

Pages : ……………………………………

Genre : ……………………………………

Commencé le : ……………………………………

Terminé le : ……………………………………

Citation favorite : ……………………………………

……………………………………

……………………………………

Musique du livre : ……………………………………

……………………………………

Mon avis

Ce que j'ai préféré à propos de l'histoire : ……………………………………

……………………………………

Ce qui m'a le moins plu : ……………………………………

……………………………………

Mon personnage préféré : ……………………………………

Les émotions ressenties à la lecture : ……………………………………

Ce que j'ai pensé de la fin : ……………………………………

Titre : ....

Auteur (e) : ....

Pages : ....

Genre : ....

Commencé le : ....

Terminé le : ....

Citation favorite : ....

....

....

Musique du livre : ....

....

Mon avis

Ce que j'ai préféré à propos de l'histoire : ....

....

Ce qui m'a le moins plu : ....

....

Mon personnage préféré : ....

Les émotions ressenties à la lecture : ....

Ce que j'ai pensé de la fin : ....

Titre :

Auteur (e) :

Pages :

Genre :

Commencé le :

Terminé le :

Citation favorite :

Musique du livre :

Mon avis

Ce que j'ai préféré à propos de l'histoire :

Ce qui m'a le moins plu :

Mon personnage préféré :

Les émotions ressenties à la lecture :

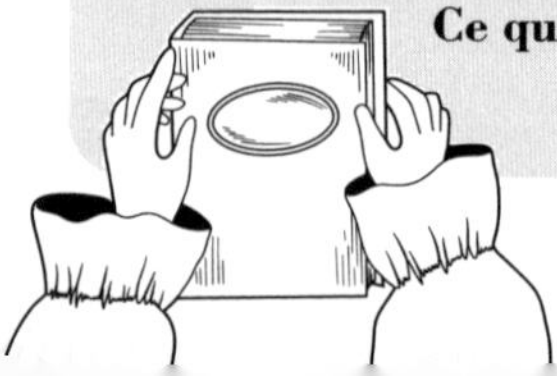

Ce que j'ai pensé de la fin :

Titre : ....

Auteur (e) : ....

Pages : ....

Genre : ....

Commencé le : ....

Terminé le : ....

Citation favorite : ....

....

....

Musique du livre : ....

....

Mon avis

Ce que j'ai préféré à propos de l'histoire : ....

....

Ce qui m'a le moins plu : ....

....

Mon personnage préféré : ....

Les émotions ressenties à la lecture : ....

Ce que j'ai pensé de la fin : ....

☆☆☆☆☆

Titre :

Auteur (e) :

Pages :

Genre :

Commencé le :

Terminé le :

Citation favorite :

Musique du livre :

Mon avis

Ce que j'ai préféré à propos de l'histoire :

Ce qui m'a le moins plu :

Mon personnage préféré :

Les émotions ressenties à la lecture :

Ce que j'ai pensé de la fin :

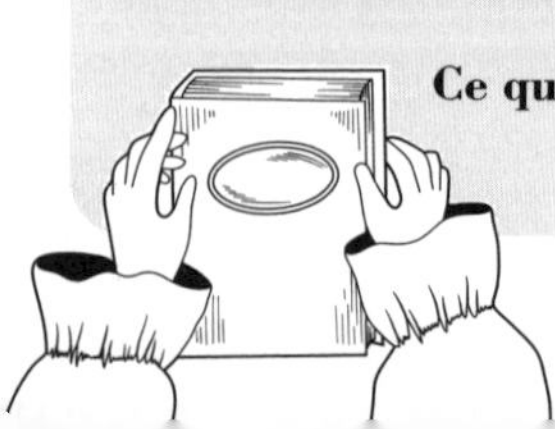

Titre :

Auteur (e) :

Pages :

Genre :

Commencé le :

Terminé le :

Citation favorite :

Musique du livre :

Mon avis

Ce que j'ai préféré à propos de l'histoire :

Ce qui m'a le moins plu :

Mon personnage préféré :

Les émotions ressenties à la lecture :

Ce que j'ai pensé de la fin :

☆☆☆☆☆

Titre : ....

Auteur (e) : ....

Pages : ....

Genre : ....

○ ○ ○

Commencé le : ....

Terminé le : ....

Citation favorite : ....

....

....

Musique du livre : ....

....

Mon avis

Ce que j'ai préféré à propos de l'histoire : ....

....

Ce qui m'a le moins plu : ....

....

Mon personnage préféré : ....

Les émotions ressenties à la lecture : ....

Ce que j'ai pensé de la fin : ....

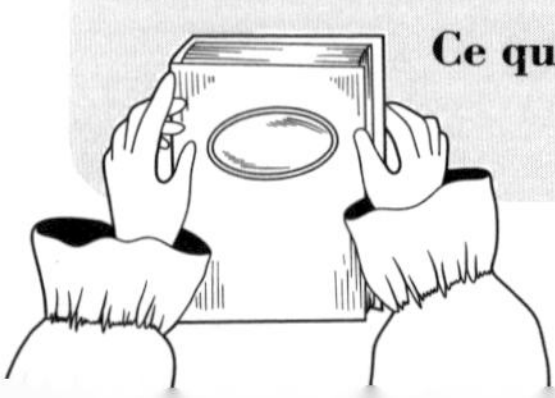

☆☆☆☆☆

Titre : ....

Auteur (e) : ....

Pages : ....

Genre : ....

○ ○ ○

Commencé le : ....

Terminé le : ....

Citation favorite : ....

....

....

Musique du livre : ....

....

Mon avis

Ce que j'ai préféré à propos de l'histoire : ....

....

Ce qui m'a le moins plu : ....

....

Mon personnage préféré : ....

Les émotions ressenties à la lecture : ....

Ce que j'ai pensé de la fin : ....

☆☆☆☆☆

Titre : ....

Auteur (e) : ....

Pages : ....

Genre : ....

○ ○ ○

Commencé le : ....

Terminé le : ....

Citation favorite : ....

....

....

Musique du livre : ....

....

Mon avis

Ce que j'ai préféré à propos de l'histoire : ....

....

Ce qui m'a le moins plu : ....

....

Mon personnage préféré : ....

Les émotions ressenties à la lecture : ....

Ce que j'ai pensé de la fin : ....

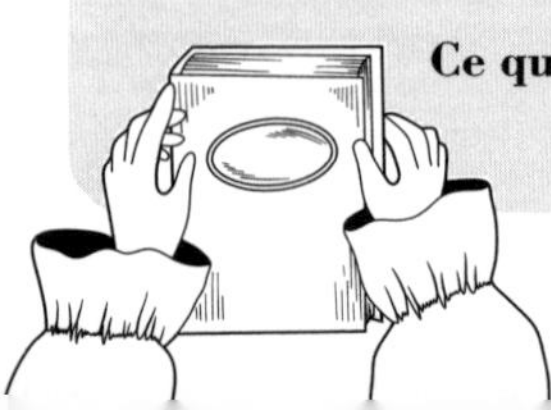

☆☆☆☆☆

Titre : ……………………

Auteur (e) : ……………………

Pages : ……………………

Genre : ……………………

 ○  ○  ○

Commencé le : ……………………

Terminé le : ……………………

Citation favorite : ……………………

……………………

……………………

Musique du livre : ……………………

……………………

Mon avis

Ce que j'ai préféré à propos de l'histoire : ……………………

……………………

Ce qui m'a le moins plu : ……………………

……………………

Mon personnage préféré : ……………………

Les émotions ressenties à la lecture : ……………………

Ce que j'ai pensé de la fin : ……………………

Titre : ....

Auteur (e) : ....

Pages : ....

Genre : ....

Commencé le : ....

Terminé le : ....

Citation favorite : ....

....

....

Musique du livre : ....

....

Mon avis

Ce que j'ai préféré à propos de l'histoire : ....

....

Ce qui m'a le moins plu : ....

....

Mon personnage préféré : ....

Les émotions ressenties à la lecture : ....

Ce que j'ai pensé de la fin : ....

☆☆☆☆☆

Titre : ....

Auteur (e) : ....

Pages : ....

Genre : ....

○ ○ ○

Commencé le : ....

Terminé le : ....

Citation favorite : ....

....

....

Musique du livre : ....

....

Mon avis

Ce que j'ai préféré à propos de l'histoire : ....

....

Ce qui m'a le moins plu : ....

....

Mon personnage préféré : ....

Les émotions ressenties à la lecture : ....

Ce que j'ai pensé de la fin : ....

☆ ☆ ☆ ☆ ☆

Titre : ....

Auteur (e) : ....

Pages : ....

Genre : ....

○ ○ ○

Commencé le : ....

Terminé le : ....

Citation favorite : ....

....

....

Musique du livre : ....

....

Mon avis

Ce que j'ai préféré à propos de l'histoire : ....

....

Ce qui m'a le moins plu : ....

....

Mon personnage préféré : ....

Les émotions ressenties à la lecture : ....

Ce que j'ai pensé de la fin : ....

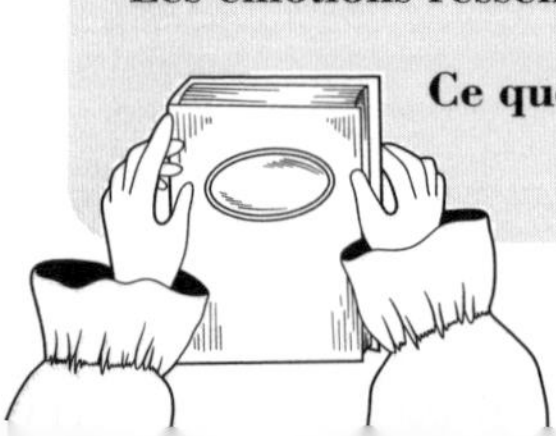

☆☆☆☆☆

Titre : ……………………………………

Auteur (e) : ……………………………………

Pages : ……………………………………

Genre : ……………………………………

○ ○ ○

Commencé le : ……………………………………

Terminé le : ……………………………………

Citation favorite : ……………………………………

……………………………………

……………………………………

Musique du livre : ……………………………………

……………………………………

Mon avis

Ce que j'ai préféré à propos de l'histoire : ……………………………………

……………………………………

Ce qui m'a le moins plu : ……………………………………

……………………………………

Mon personnage préféré : ……………………………………

Les émotions ressenties à la lecture : ……………………………………

Ce que j'ai pensé de la fin : ……………………………………

☆☆☆☆☆

Titre : ....

Auteur (e) : ....

Pages : ....

Genre : ....

Commencé le : ....

Terminé le : ....

Citation favorite : ....

....

....

Musique du livre : ....

....

Mon avis

Ce que j'ai préféré à propos de l'histoire : ....

....

Ce qui m'a le moins plu : ....

....

Mon personnage préféré : ....

Les émotions ressenties à la lecture : ....

Ce que j'ai pensé de la fin : ....

☆☆☆☆☆

Titre : ....

Auteur (e) : ....

Pages : ....

Genre : ....

○ ○ ○

Commencé le : ....

Terminé le : ....

Citation favorite : ....

....

....

Musique du livre : ....

....

Mon avis

Ce que j'ai préféré à propos de l'histoire : ....

....

Ce qui m'a le moins plu : ....

....

Mon personnage préféré : ....

Les émotions ressenties à la lecture : ....

Ce que j'ai pensé de la fin : ....

Titre :

Auteur (e) :

Pages :

Genre :

Commencé le :

Terminé le :

Citation favorite :

Musique du livre :

Mon avis

Ce que j'ai préféré à propos de l'histoire :

Ce qui m'a le moins plu :

Mon personnage préféré :

Les émotions ressenties à la lecture :

Ce que j'ai pensé de la fin :

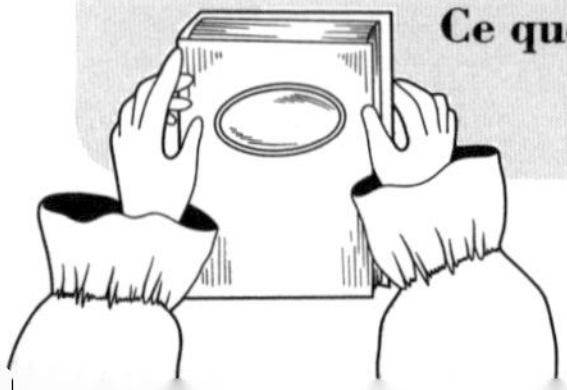

Titre : ....

Auteur (e) : ....

Pages : ....

Genre : ....

Commencé le : ....

Terminé le : ....

Citation favorite : ....

....

....

Musique du livre : ....

....

Mon avis

Ce que j'ai préféré à propos de l'histoire : ....

....

Ce qui m'a le moins plu : ....

....

Mon personnage préféré : ....

Les émotions ressenties à la lecture : ....

Ce que j'ai pensé de la fin : ....

☆☆☆☆☆

Titre : ....

Auteur (e) : ....

Pages : ....

Genre : ....

○ ○ ○

Commencé le : ....

Terminé le : ....

Citation favorite : ....

....

....

Musique du livre : ....

....

Mon avis

Ce que j'ai préféré à propos de l'histoire : ....

....

Ce qui m'a le moins plu : ....

....

Mon personnage préféré : ....

Les émotions ressenties à la lecture : ....

Ce que j'ai pensé de la fin : ....

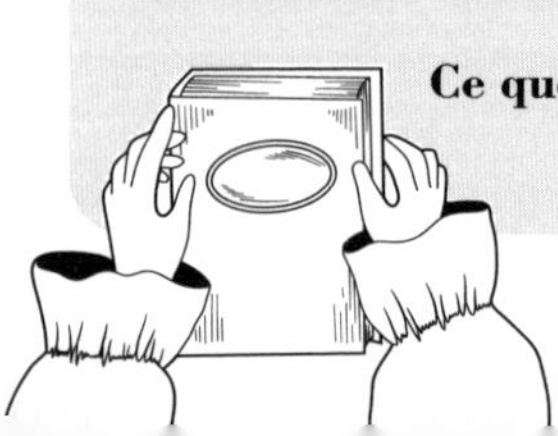

☆☆☆☆☆

Titre :

Auteur (e) :

Pages :

Genre :

○ ○ ○

Commencé le :

Terminé le :

Citation favorite :

Musique du livre :

Mon avis

Ce que j'ai préféré à propos de l'histoire :

Ce qui m'a le moins plu :

Mon personnage préféré :

Les émotions ressenties à la lecture :

Ce que j'ai pensé de la fin :

Titre :

Auteur (e) :

Pages :

Genre :

Commencé le :

Terminé le :

Citation favorite :

Musique du livre :

Mon avis

Ce que j'ai préféré à propos de l'histoire :

Ce qui m'a le moins plu :

Mon personnage préféré :

Les émotions ressenties à la lecture :

Ce que j'ai pensé de la fin :

☆☆☆☆☆

Titre :

Auteur (e) :

Pages :

Genre :

 ○  ○  ○

Commencé le :

Terminé le :

Citation favorite :

Musique du livre :

Mon avis

Ce que j'ai préféré à propos de l'histoire :

Ce qui m'a le moins plu :

Mon personnage préféré :

Les émotions ressenties à la lecture :

Ce que j'ai pensé de la fin :

☆ ☆ ☆ ☆ ☆

Titre :

Auteur (e) :

Pages :

Genre :

○ ○ ○

Commencé le :

Terminé le :

Citation favorite :

Musique du livre :

Mon avis

Ce que j'ai préféré à propos de l'histoire :

Ce qui m'a le moins plu :

Mon personnage préféré :

Les émotions ressenties à la lecture :

Ce que j'ai pensé de la fin :

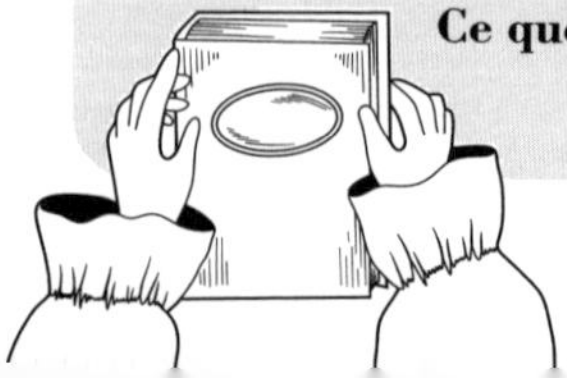

☆☆☆☆☆

Titre :

Auteur (e) :

Pages :

Genre :

Commencé le :

Terminé le :

Citation favorite :

Musique du livre :

Mon avis

Ce que j'ai préféré à propos de l'histoire :

Ce qui m'a le moins plu :

Mon personnage préféré :

Les émotions ressenties à la lecture :

Ce que j'ai pensé de la fin :

☆ ☆ ☆ ☆ ☆

Titre : ....

Auteur (e) : ....

Pages : ....

Genre : ....

○ ○ ○

Commencé le : ....

Terminé le : ....

Citation favorite : ....

....

....

Musique du livre : ....

....

Mon avis

Ce que j'ai préféré à propos de l'histoire : ....

....

Ce qui m'a le moins plu : ....

....

Mon personnage préféré : ....

Les émotions ressenties à la lecture : ....

Ce que j'ai pensé de la fin : ....

Titre : ....

Auteur (e) : ....

Pages : ....

Genre : ....

Commencé le : ....

Terminé le : ....

Citation favorite : ....

....

....

Musique du livre : ....

....

Mon avis

Ce que j'ai préféré à propos de l'histoire : ....

....

Ce qui m'a le moins plu : ....

....

Mon personnage préféré : ....

Les émotions ressenties à la lecture : ....

Ce que j'ai pensé de la fin : ....

☆☆☆☆☆

Titre : ....

Auteur (e) : ....

Pages : ....

Genre : ....

Commencé le : ....

Terminé le : ....

Citation favorite : ....

....

....

Musique du livre : ....

....

Mon avis

Ce que j'ai préféré à propos de l'histoire : ....

....

Ce qui m'a le moins plu : ....

....

Mon personnage préféré : ....

Les émotions ressenties à la lecture : ....

Ce que j'ai pensé de la fin : ....

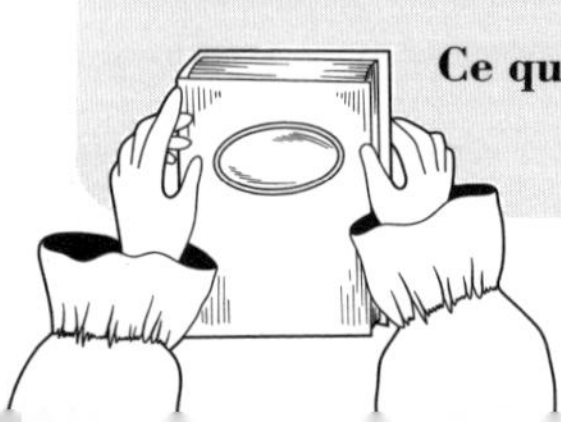

☆☆☆☆☆

Titre : ....

Auteur (e) : ....

Pages : ....

Genre : ....

 ○

 ○

 ○

Commencé le : ....

Terminé le : ....

Citation favorite : ....

....

....

Musique du livre : ....

....

Mon avis

Ce que j'ai préféré à propos de l'histoire : ....

....

Ce qui m'a le moins plu : ....

....

Mon personnage préféré : ....

Les émotions ressenties à la lecture : ....

Ce que j'ai pensé de la fin : ....

☆ ☆ ☆ ☆ ☆

Titre :

Auteur (e) :

Pages :

Genre :

Commencé le :

Terminé le :

Citation favorite :

Musique du livre :

Mon avis

Ce que j'ai préféré à propos de l'histoire :

Ce qui m'a le moins plu :

Mon personnage préféré :

Les émotions ressenties à la lecture :

Ce que j'ai pensé de la fin :

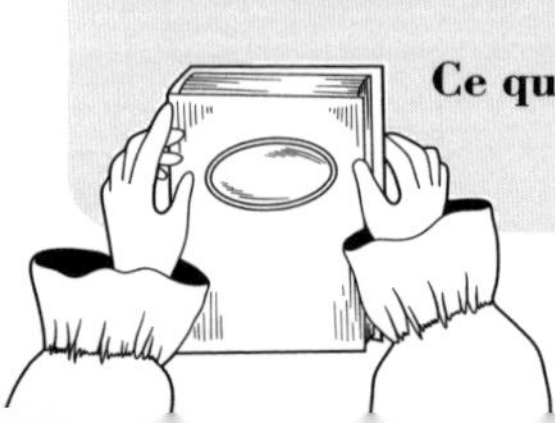

☆☆☆☆☆

Titre : ....

Auteur (e) : ....

Pages : ....

Genre : ....

Commencé le : ....

Terminé le : ....

Citation favorite : ....

....

....

Musique du livre : ....

....

Mon avis

Ce que j'ai préféré à propos de l'histoire : ....

....

Ce qui m'a le moins plu : ....

....

Mon personnage préféré : ....

Les émotions ressenties à la lecture : ....

Ce que j'ai pensé de la fin : ....

☆☆☆☆☆

Titre :

Auteur (e) :

Pages :

Genre :

○ ○ ○

Commencé le :

Terminé le :

Citation favorite :

Musique du livre :

Mon avis

Ce que j'ai préféré à propos de l'histoire :

Ce qui m'a le moins plu :

Mon personnage préféré :

Les émotions ressenties à la lecture :

Ce que j'ai pensé de la fin :

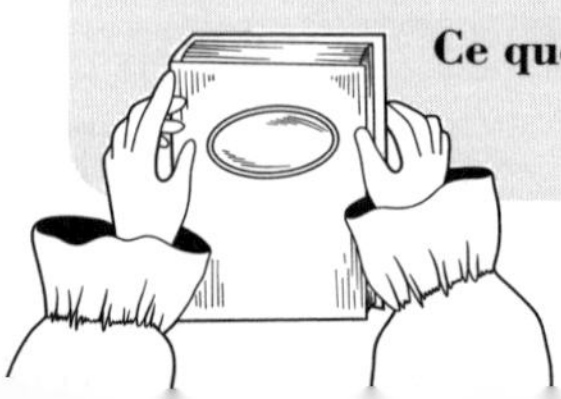

☆ ☆ ☆ ☆ ☆

Titre : ....

Auteur (e) : ....

Pages : ....

Genre : ....

○ ○ ○

Commencé le : ....

Terminé le : ....

Citation favorite : ....

....

....

Musique du livre : ....

....

Mon avis

Ce que j'ai préféré à propos de l'histoire : ....

....

Ce qui m'a le moins plu : ....

....

Mon personnage préféré : ....

Les émotions ressenties à la lecture : ....

Ce que j'ai pensé de la fin : ....

☆ ☆ ☆ ☆ ☆

Titre : ....

Auteur (e) : ....

Pages : ....

Genre : ....

○ ○ ○

Commencé le : ....

Terminé le : ....

Citation favorite : ....

....

....

Musique du livre : ....

....

Mon avis

Ce que j'ai préféré à propos de l'histoire : ....

....

Ce qui m'a le moins plu : ....

....

Mon personnage préféré : ....

Les émotions ressenties à la lecture : ....

Ce que j'ai pensé de la fin : ....

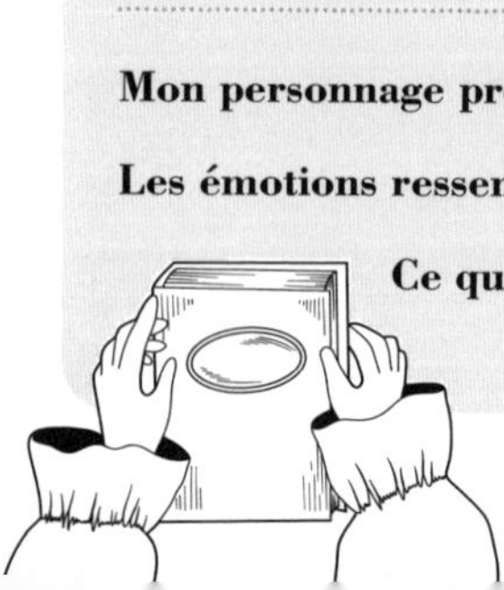

☆☆☆☆☆

Titre : ……………………………………

Auteur (e) : ……………………………………

Pages : ……………………………………

Genre : ……………………………………

○ ○ ○

Commencé le : ……………………………………

Terminé le : ……………………………………

Citation favorite : ……………………………………

……………………………………

……………………………………

Musique du livre : ……………………………………

……………………………………

Mon avis

Ce que j'ai préféré à propos de l'histoire : ……………………………………

……………………………………

Ce qui m'a le moins plu : ……………………………………

……………………………………

Mon personnage préféré : ……………………………………

Les émotions ressenties à la lecture : ……………………………………

Ce que j'ai pensé de la fin : ……………………………………

Titre : ....

Auteur (e) : ....

Pages : ....

Genre : ....

Commencé le : ....

Terminé le : ....

Citation favorite : ....

....

....

Musique du livre : ....

....

Mon avis

Ce que j'ai préféré à propos de l'histoire : ....

....

Ce qui m'a le moins plu : ....

....

Mon personnage préféré : ....

Les émotions ressenties à la lecture : ....

Ce que j'ai pensé de la fin : ....

☆☆☆☆☆

Titre : ....

Auteur (e) : ....

Pages : ....

Genre : ....

○ ○ ○

Commencé le : ....

Terminé le : ....

Citation favorite : ....

....

....

Musique du livre : ....

....

Mon avis

Ce que j'ai préféré à propos de l'histoire : ....

....

Ce qui m'a le moins plu : ....

....

Mon personnage préféré : ....

Les émotions ressenties à la lecture : ....

Ce que j'ai pensé de la fin : ....

Titre : ....

Auteur (e) : ....

Pages : ....

Genre : ....

Commencé le : ....

Terminé le : ....

Citation favorite : ....

....

....

Musique du livre : ....

....

Mon avis

Ce que j'ai préféré à propos de l'histoire : ....

....

Ce qui m'a le moins plu : ....

....

Mon personnage préféré : ....

Les émotions ressenties à la lecture : ....

Ce que j'ai pensé de la fin : ....

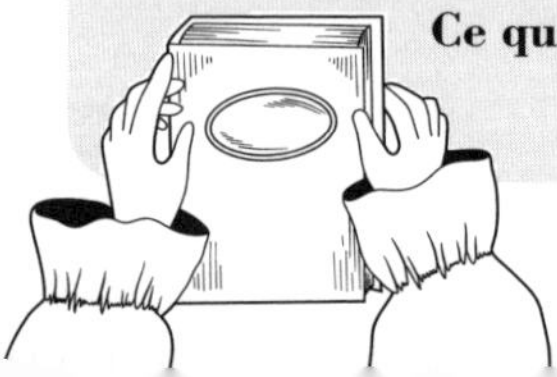

☆☆☆☆☆

Titre : ……………………

Auteur (e) : ……………………

Pages : ……………………

Genre : ……………………

 ○  ○  ○

Commencé le : ……………………

Terminé le : ……………………

Citation favorite : ……………………

……………………

……………………

Musique du livre : ……………………

……………………

Mon avis

Ce que j'ai préféré à propos de l'histoire : ……………………

……………………

Ce qui m'a le moins plu : ……………………

……………………

Mon personnage préféré : ……………………

Les émotions ressenties à la lecture : ……………………

Ce que j'ai pensé de la fin : ……………………

☆☆☆☆☆

Titre : ....

Auteur (e) : ....

Pages : ....

Genre : ....

○ ○ ○

Commencé le : ....

Terminé le : ....

Citation favorite : ....

....

....

Musique du livre : ....

....

Mon avis

Ce que j'ai préféré à propos de l'histoire : ....

....

Ce qui m'a le moins plu : ....

....

Mon personnage préféré : ....

Les émotions ressenties à la lecture : ....

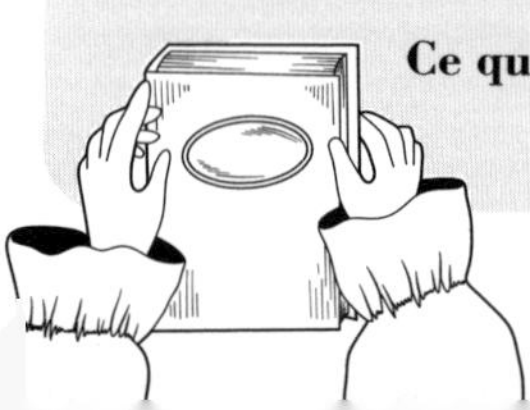

Ce que j'ai pensé de la fin : ....

☆☆☆☆☆

○ ○ ○

Titre : ....

Auteur (e) : ....

Pages : ....

Genre : ....

Commencé le : ....

Terminé le : ....

Citation favorite : ....

....

....

Musique du livre : ....

....

Mon avis

Ce que j'ai préféré à propos de l'histoire : ....

....

Ce qui m'a le moins plu : ....

....

Mon personnage préféré : ....

Les émotions ressenties à la lecture : ....

Ce que j'ai pensé de la fin : ....

Titre :

Auteur (e) :

Pages :

Genre :

Commencé le :

Terminé le :

Citation favorite :

Musique du livre :

Mon avis

Ce que j'ai préféré à propos de l'histoire :

Ce qui m'a le moins plu :

Mon personnage préféré :

Les émotions ressenties à la lecture :

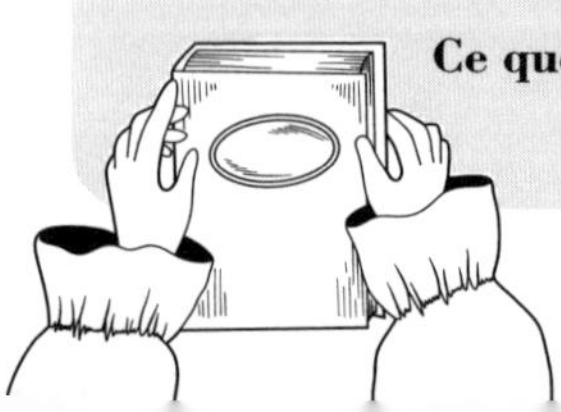

Ce que j'ai pensé de la fin :

☆ ☆ ☆ ☆ ☆

Titre : ....

Auteur (e) : ....

Pages : ....

Genre : ....

○ ○ ○

Commencé le : ....

Terminé le : ....

Citation favorite : ....

....

....

Musique du livre : ....

....

Mon avis

Ce que j'ai préféré à propos de l'histoire : ....

....

Ce qui m'a le moins plu : ....

....

Mon personnage préféré : ....

Les émotions ressenties à la lecture : ....

Ce que j'ai pensé de la fin : ....

Titre :

Auteur (e) :

Pages :

Genre :

Commencé le :

Terminé le :

Citation favorite :

Musique du livre :

Mon avis

Ce que j'ai préféré à propos de l'histoire :

Ce qui m'a le moins plu :

Mon personnage préféré :

Les émotions ressenties à la lecture :

Ce que j'ai pensé de la fin :

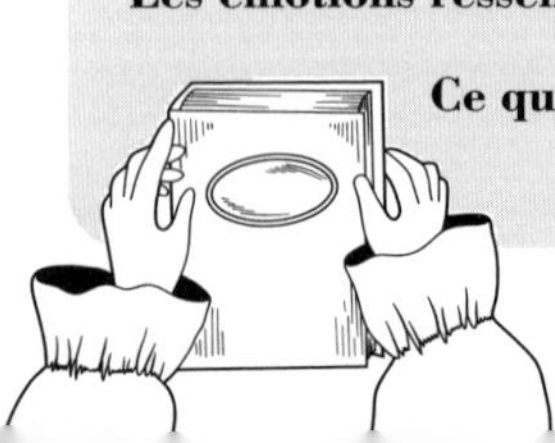

Titre :

Auteur (e) :

Pages :

Genre :

Commencé le :

Terminé le :

Citation favorite :

Musique du livre :

Mon avis

Ce que j'ai préféré à propos de l'histoire :

Ce qui m'a le moins plu :

Mon personnage préféré :

Les émotions ressenties à la lecture :

Ce que j'ai pensé de la fin :

☆☆☆☆☆

○ ○ ○

Titre : ....

Auteur (e) : ....

Pages : ....

Genre : ....

Commencé le : ....

Terminé le : ....

Citation favorite : ....

....

....

Musique du livre : ....

....

Mon avis

Ce que j'ai préféré à propos de l'histoire : ....

....

Ce qui m'a le moins plu : ....

....

Mon personnage préféré : ....

Les émotions ressenties à la lecture : ....

Ce que j'ai pensé de la fin : ....

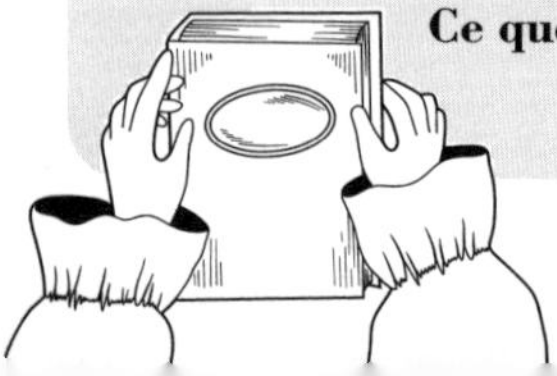

☆☆☆☆☆

Titre : ....

Auteur (e) : ....

Pages : ....

Genre : ....

○ ○ ○

Commencé le : ....

Terminé le : ....

Citation favorite : ....

....

....

Musique du livre : ....

....

Mon avis

Ce que j'ai préféré à propos de l'histoire : ....

....

Ce qui m'a le moins plu : ....

....

Mon personnage préféré : ....

Les émotions ressenties à la lecture : ....

Ce que j'ai pensé de la fin : ....

☆ ☆ ☆ ☆ ☆

Titre : ....

Auteur (e) : ....

Pages : ....

Genre : ....

○ ○ ○

Commencé le : ....

Terminé le : ....

Citation favorite : ....

....

....

Musique du livre : ....

....

Mon avis

Ce que j'ai préféré à propos de l'histoire : ....

....

Ce qui m'a le moins plu : ....

....

Mon personnage préféré : ....

Les émotions ressenties à la lecture : ....

Ce que j'ai pensé de la fin : ....

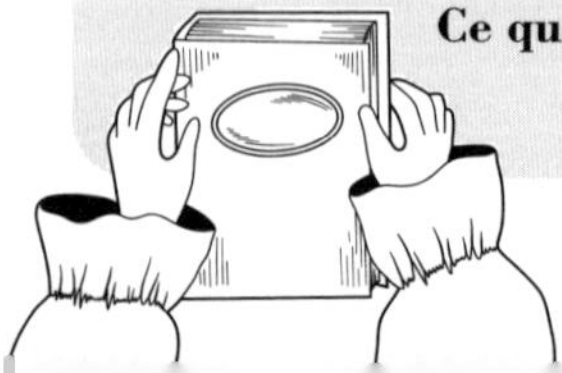

☆☆☆☆☆

Titre : ……………………………

Auteur (e) : ……………………………

Pages : ……………………………

Genre : ……………………………

○ ○ ○

Commencé le : ……………………………

Terminé le : ……………………………

Citation favorite : ……………………………

……………………………

……………………………

Musique du livre : ……………………………

……………………………

Mon avis

Ce que j'ai préféré à propos de l'histoire : ……………………………

……………………………

Ce qui m'a le moins plu : ……………………………

……………………………

Mon personnage préféré : ……………………………

Les émotions ressenties à la lecture : ……………………………

Ce que j'ai pensé de la fin : ……………………………

☆☆☆☆☆

Titre : …………………………………

Auteur (e) : …………………………………

Pages : …………………………………

Genre : …………………………………

○ ○ ○

Commencé le : …………………………………

Terminé le : …………………………………

Citation favorite : …………………………………

…………………………………

…………………………………

Musique du livre : …………………………………

…………………………………

Mon avis

Ce que j'ai préféré à propos de l'histoire : …………………………………

…………………………………

Ce qui m'a le moins plu : …………………………………

…………………………………

Mon personnage préféré : …………………………………

Les émotions ressenties à la lecture : …………………………………

Ce que j'ai pensé de la fin : …………………………………

Titre :

Auteur (e) :

Pages :

Genre :

Commencé le :

Terminé le :

Citation favorite :

Musique du livre :

Mon avis

Ce que j'ai préféré à propos de l'histoire :

Ce qui m'a le moins plu :

Mon personnage préféré :

Les émotions ressenties à la lecture :

Ce que j'ai pensé de la fin :

Titre : ……………………………………

Auteur (e) : ……………………………………

Pages : ……………………………………

Genre : ……………………………………

Commencé le : ……………………………………

Terminé le : ……………………………………

Citation favorite : ……………………………………

……………………………………

……………………………………

Musique du livre : ……………………………………

……………………………………

Mon avis

Ce que j'ai préféré à propos de l'histoire : ……………………………………

……………………………………

Ce qui m'a le moins plu : ……………………………………

……………………………………

Mon personnage préféré : ……………………………………

Les émotions ressenties à la lecture : ……………………………………

Ce que j'ai pensé de la fin : ……………………………………

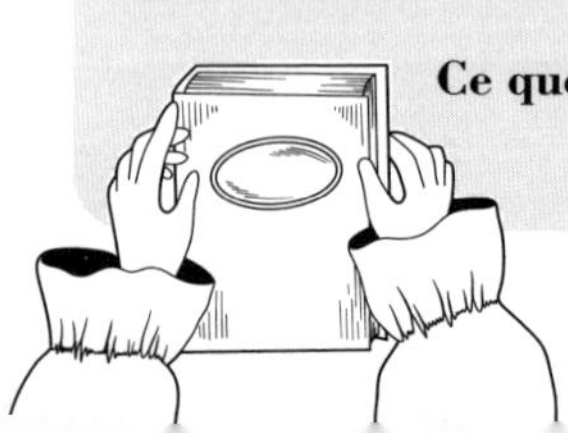

☆☆☆☆☆

Titre : ....

Auteur (e) : ....

Pages : ....

Genre : ....

○ ○ ○

Commencé le : ....

Terminé le : ....

Citation favorite : ....

....

....

Musique du livre : ....

....

Mon avis

Ce que j'ai préféré à propos de l'histoire : ....

....

Ce qui m'a le moins plu : ....

....

Mon personnage préféré : ....

Les émotions ressenties à la lecture : ....

Ce que j'ai pensé de la fin : ....

Direction de la publication
Isabelle Jeuge-Maynart et Ghislaine Stora

Direction éditoriale
Émilie Franc et Julie Martin

Édition
Amandine Poste

Direction artistique
Géraldine Lamy

Création et mise en pages
Lucile Jouret

Conception du coffret
Laura Filiberti

Fabrication
Donia Faiz

Illustrations : ©Shutterstock

ISBN : 978-2-03-608775-0
EAN 9782036087750

Fabriqué et importé par les éditions Larousse
21, rue du Montparnasse
75006 Paris - France

Pour nous contacter : livres-larousse@larousse.fr

Imprimé en RPC par LPP
Dépôt légal : octobre 2025
339911/01 – 11059008 – avril 2025